sekolah - l'école   2
berjalan - le voyage   5
pengangkutan - le transport   8
bandar - la ville   10
landskap - le paysage   14
restoran - le restaurant   17
pasar raya - le supermarché   20
minuman - les boissons   22
makanan - l'alimentation   23
ladang - la ferme   27
rumah - la maison   31
ruang tamu - le salon   33
dapur - la cuisine   35
bilik air - la salle de bain   38
bilik kanak-kanak - la chambre d'enfant   42
pakaian - les vêtements   44
pejabat - le bureau   49
ekonomi - l'économie   51
pekerjaan - les professions   53
alat - les outils   56
alat muzik - les instruments de musique   57
zoo - le zoo   59
sukan - les sports   62
aktiviti - les activités   63
keluarga - la famille   67
badan - le corps   68
hospital - l'hôpital   72
kecemasan - l'urgence   76
bumi - la terre   77
jam - ...heure(s)   79
minggu - la semaine   80
tahun - l'année   81
bentuk - les formes   83
warna - les couleurs   84
berlawanan - les oppositions   85
nombor - les nombres   88
bahasa-bahasa - les langues   90
siapa / apa / bagaimana - qui / quoi / comment   91
di mana - où   92

Impressum
Verlag: BABADADA GmbH, Nedderfeld 112 , 22529 Hamburg
Geschäftsführer / Verlagsleitung: Harald Hof
Druck: Books on Demand GmbH, In de Tarpen 42, 22848 Norderstedt

Imprint
Publisher: BABADADA GmbH, Nedderfeld 112 , 22529 Hamburg, Germany
Managing Director / Publishing direction: Harald Hof
Print: Books on Demand GmbH, In de Tarpen 42, 22848 Norderstedt

sekolah

l'école

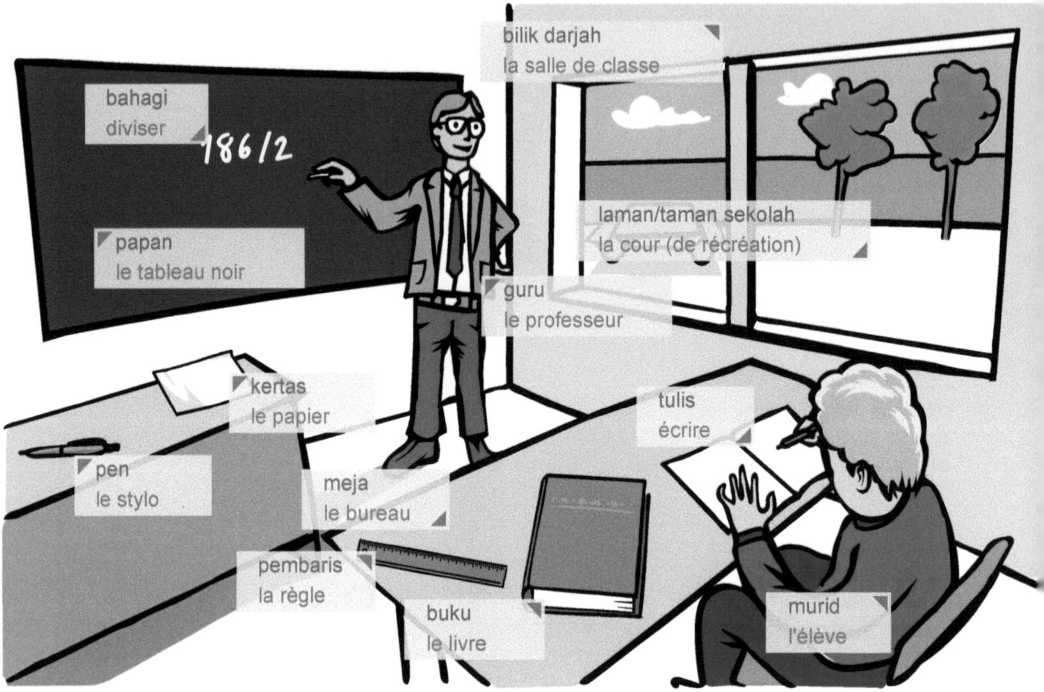
bilik darjah
la salle de classe
bahagi
diviser
186/2
papan
le tableau noir
laman/taman sekolah
la cour (de récréation)
guru
le professeur
kertas
le papier
tulis
écrire
pen
le stylo
meja
le bureau
pembaris
la règle
buku
le livre
murid
l'élève

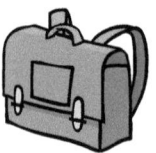

beg galas
le cartable

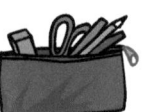

kotak pensel
la trousse

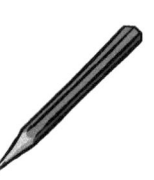

pensel
le crayon

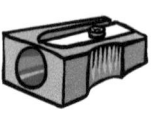

pengasah pensel
le taille-crayon

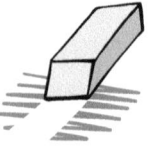

pemadam
la gomme

kertas lukisan
le carnet à dessin

melukis

le dessin

berus lukis

le pinceau

kotak warna

la boîte de peinture

gunting

les ciseaux

gam

la colle

buku latihan

le cahier d'exercices

kerja rumah

les devoirs

nombor

le chiffre

tambah

additionner

tolak

soustraire

darab

multiplier

kira

calculer

huruf

la lettre

abjad

l'alphabet

kata

le mot

teks

le texte

baca

lire

kapur

la craie

pelajaran

la leçon

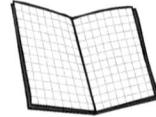

daftar

le livre de classe

peperiksaan

l'examen

sijil

le certificat

uniform sekolah

l'uniforme scolaire

pendidikan

la formation

ensiklopedia

le lexique

universiti

l'université

mikroskop

le microscope

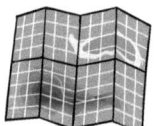

peta

la carte

bakul sampah

la corbeille à papier

sekolah - l'école

berjalan
le voyage

hotel
l'hôtel
Grand
asrama
l'auberge
ROOMS
pejabat tukaran mata wang
le bureau de change
beg pakaian
la valise
kereta
la voiture

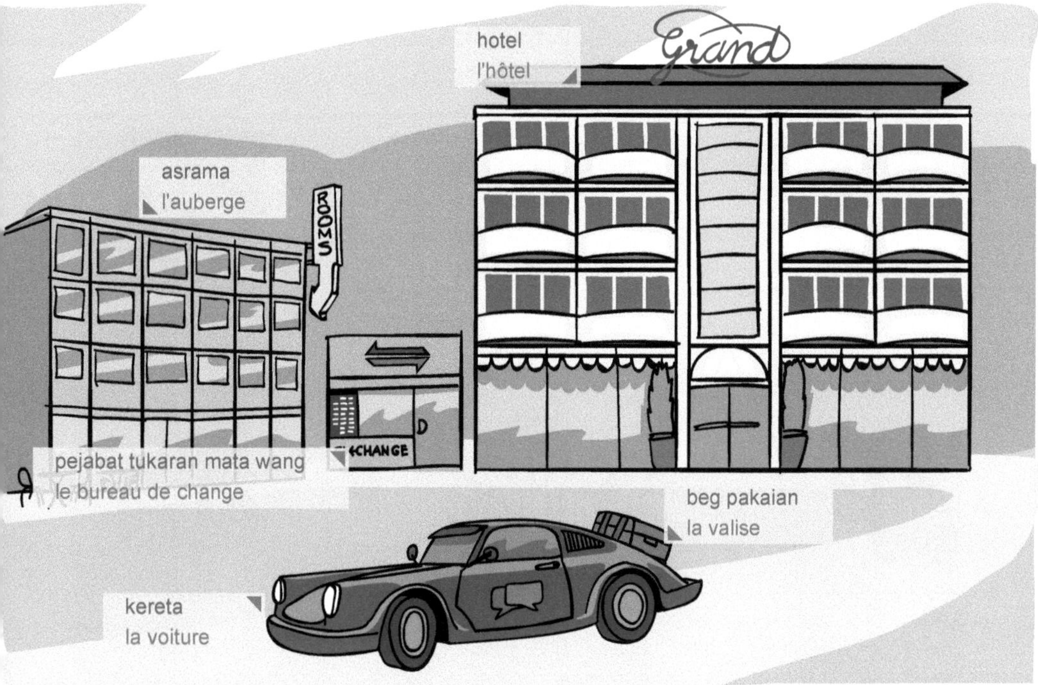

bahasa

la langue

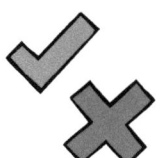

ya / tidak

oui / non

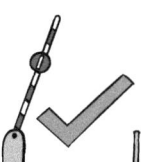

okey

d'accord

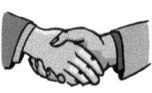

helo

Salut

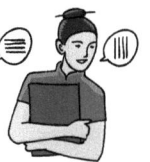

penterjemah

l'interprète

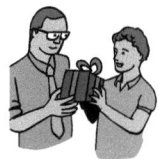

Terima kasih

merci

berapa banyak...?

Combien coûte...?

saya tidak faham

Je ne comprends pas

masalah

le problème

Selamat petang!

Bonsoir !

Selamat Pagi!

Bonjour !

Selamat Malam!

Bonne nuit !

selamat tinggal

Au revoir

arah

la direction

bagasi

les bagages

beg

le sac

beg galas

le sac-à-dos

tetamu

l'hôte

bilik tidur

la pièce

beg tidur

le sac de couchage

khemah

la tente

maklumat pelancong

l'office de tourisme

pantai

la plage

kad kredit

la carte de crédit

sarapan

le petit-déjeuner

makan tengah hari

le déjeuner

makan malam

le dîner

tiket

le billet

lif

l'ascenseur

setem

le timbre

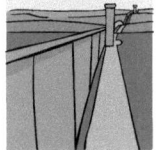

sempadan

la frontière

kastam

la douane

kedutaan

l'ambassade

visa

le visa

pasport

le passeport

pengangkutan

le transport

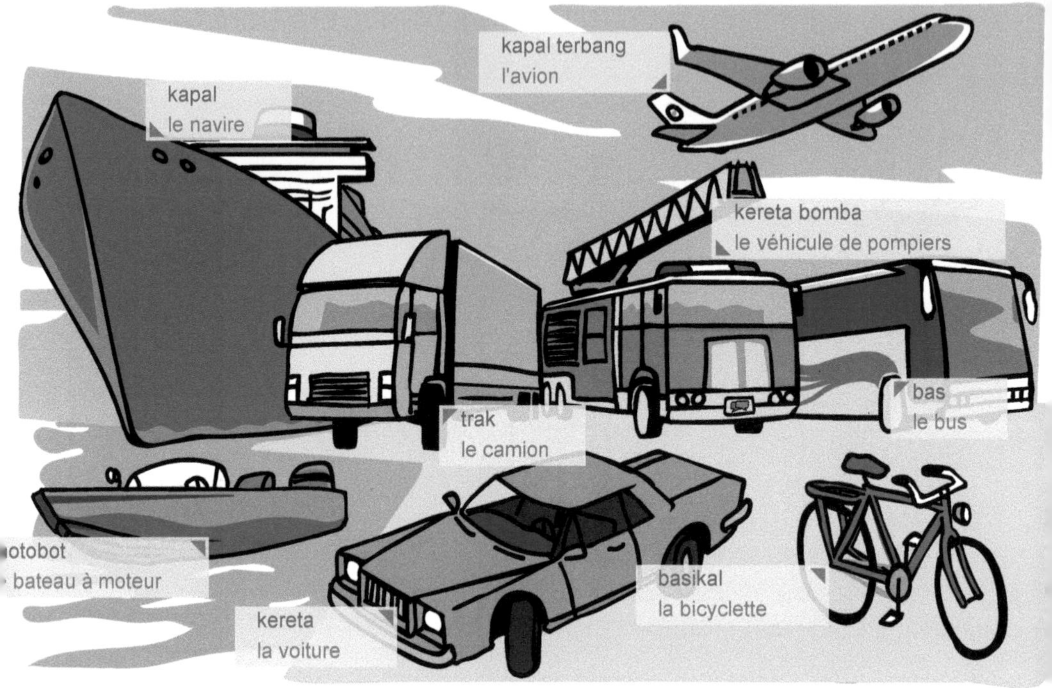
kapal terbang
l'avion
kapal
le navire
kereta bomba
le véhicule de pompiers
trak
le camion
bas
le bus
otobot
bateau à moteur
basikal
la bicyclette
kereta
la voiture

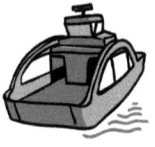

feri

le ferry

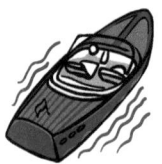

bot

la barque

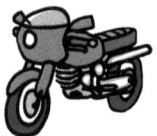

motosikal

la moto

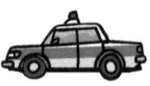

kereta polis

la voiture de police

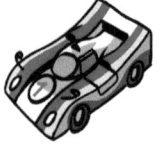

kereta lumba

la voiture de course

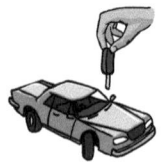

kereta sewa

la voiture de location

berkongsi kereta

l'auto-partage

trak tunda

la voiture de remorquage

trak menolak

la benne à ordures

motor

le moteur

bahan api

l'essence

stesen minyak

la station d'essence

tanda trafik

le panneau indicateur

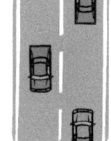

trafik

le trafic

kesesakan lalu lintas

l'embouteillage

tempat parkir

le parking

stesen kereta api

la gare

trek

les rails

kereta api

le train

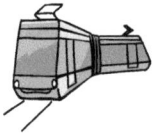

trem

le tramway

gerabak

le wagon

helikopter

l'hélicoptère

lapangan terbang

l'aéroport

Menara

la tour

penumpang

le passager

bekas

le conteneur

kadbod

le carton

kart

le chariot

bakul

la corbeille

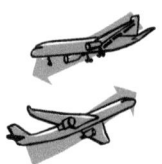

berlepas / mendarat

décoller / atterrir

bandar

la ville

kampung

le village

pusat bandar

le centre-ville

rumah

la maison

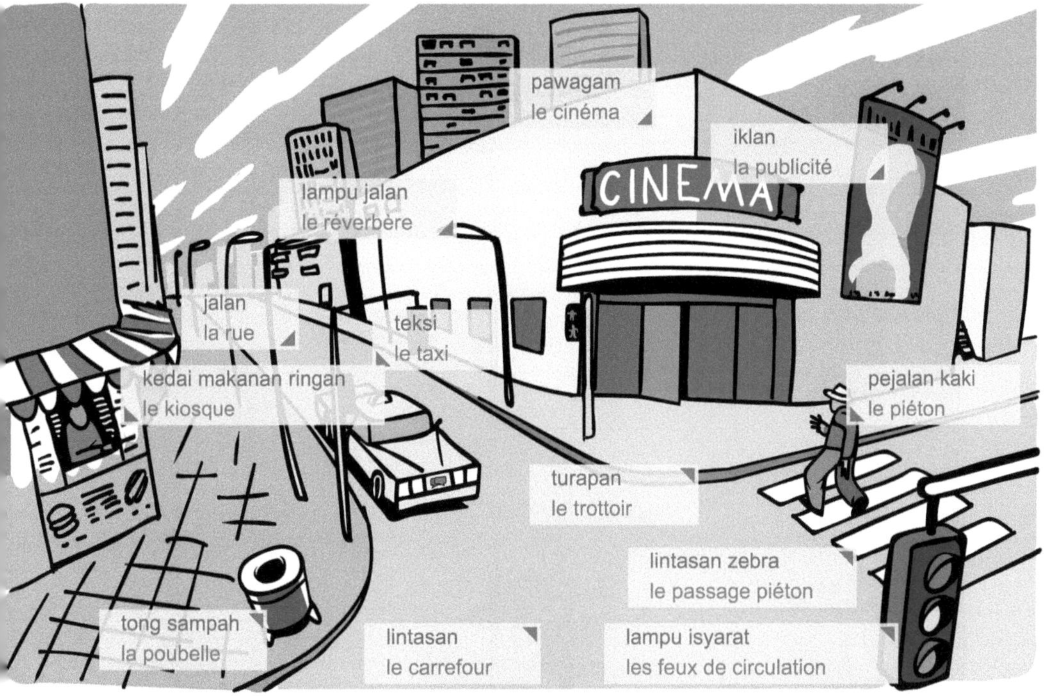
pawagam
le cinéma
CINEMA
iklan
la publicité
lampu jalan
le réverbère
jalan
la rue
teksi
le taxi
kedai makanan ringan
le kiosque
pejalan kaki
le piéton
turapan
le trottoir
lintasan zebra
le passage piéton
tong sampah
la poubelle
lintasan
le carrefour
lampu isyarat
les feux de circulation

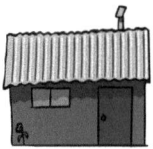

pondok

la cabane

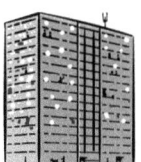

flat

l'appartement

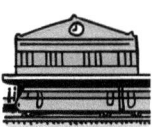

stesen kereta api

la gare

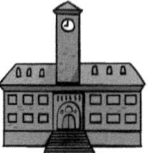

dewan bandar

la mairie

MUSEUM

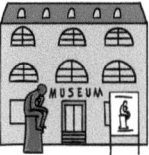

muzium

le musée

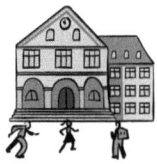

sekolah

l'école

universiti

l'université

bank

la banque

hospital

l'hôpital

hotel

l'hôtel

farmasi

la pharmacie

pejabat

le bureau

kedai buku

la librairie

kedai

le magasin

kedai bunga

le fleuriste

pasar raya

le supermarché

pasaran

le marché

gedung

le grand magasin

penjual ikan

la poissonnerie

pusat membeli-belah

le centre commercial

pelabuhan

le port

taman

le parc

bangku

la banque

jambatan

le pont

tangga

les escaliers

bawah tanah

le métro

terowong

le tunnel

hentian bas

l'arrêt de bus

bar

le bar

restoran

le restaurant

peti surat

la boîte à lettres

papan tanda jalan

le panneau indicateur

meter parkir

le parcmètre

zoo

le zoo

kolam renang

le réverbère

masjid

la mosquée

ladang

la ferme

pencemaran

la pollution

tanah perkuburan

la cimetière

gereja

l'église

taman permainan

l'aire de jeux

kuil

le temple

landskap
le paysage

daun
la feuille

tiang tanda
le panneau indicateur

jalan
le chemin

padang rumput
le pré

batu
la pierre

pokok
l'arbre

pejalan kaki
le randonneur

sungai
la rivière

rumput
l'herbe

bunga
la fleur

lembah

la vallée

bukit

la montagne

tasik

le lac

hutan

la forêt

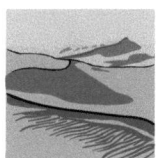

padang pasir

le désert

gunung berapi

le volcan

istana

le château

pelangi

l'arc-en-ciel

cendawan

le champignon

pokok kelapa sawit

le palmier

nyamuk

le moustique

terbang

la mouche

semut

les fourmis

lebah

l'abeille

labah-labah

l'araignée

kumbang

le coléoptère

katak

la grenouille

tupai

l'écureuil

landak

le hérisson

arnab

le lièvre

burung hantu

la chouette

burung

l'oiseau

angsa

le cygne

babi jantan

le sanglier

rusa

le cerf

moose

l'élan

empangan

le barrage

turbin angin

l'éolienne

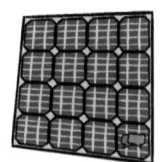

panel solar

le panneau solaire

iklim

le climat

restoran
le restaurant

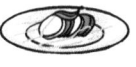

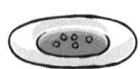

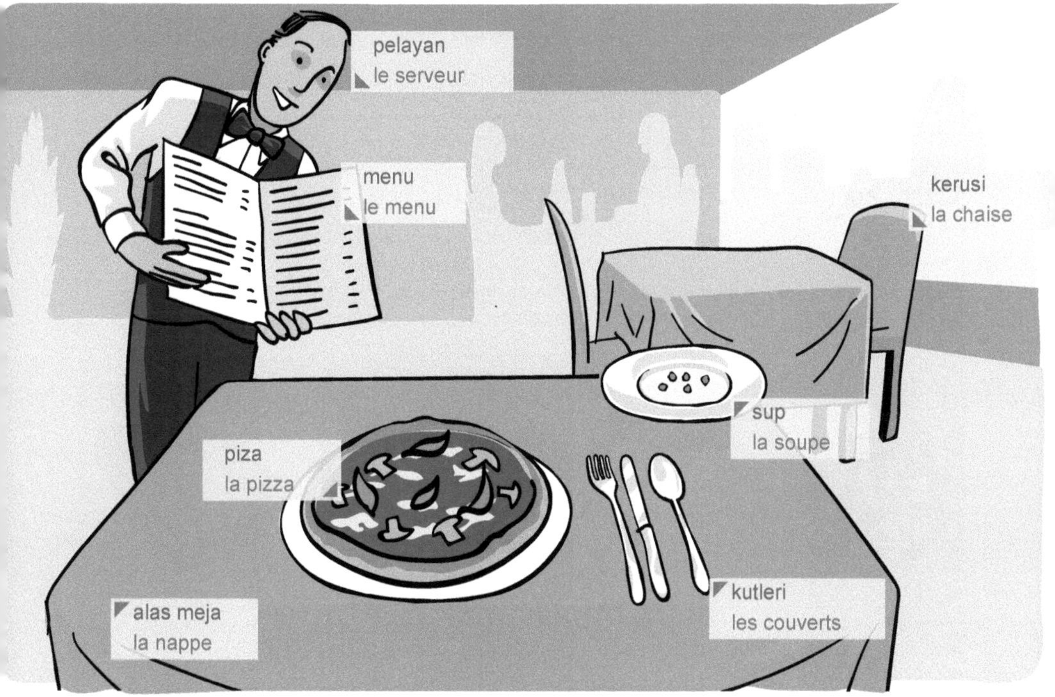
pelayan
le serveur
menu
le menu
kerusi
la chaise
sup
la soupe
piza
la pizza
kutleri
les couverts
alas meja
la nappe

pemula
....
les hors d'œuvre

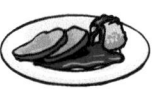

hidangan utama
....
le plat principal

pencuci mulut
....
le dessert

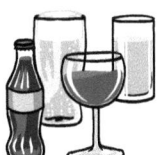

minuman
....
les boissons

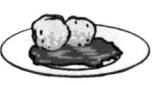

makanan
....
l'alimentation

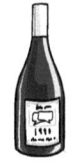

botol
....
la bouteille

makanan segera

le fast-food

makanan jalanan

les plats à emporter

teko

la théière

mangkuk gula

le sucrier

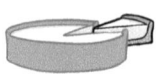

bahagian

la portion

mesin espreso

la machine à expresso

kerusi tinggi

la chaise haute

bil

la facture

dulang

le plateau

pisau

le couteau

garfu

la fourchette

sudu

la cuillère

sudu teh

la cuillère à thé

serviette

la serviette

gelas

le verre

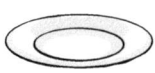

pinggan

l'assiette

mangkuk sup

l'assiette à soupe

piring

la soucoupe

sos

la sauce

tempat garam

la salière

pengisar lada

le moulin à poivre

cuka

le vinaigre

minyak

l'huile

rempah

les épices

sos

le ketchup

mustard

la moutarde

mayones

la mayonnaise

pasar raya
le supermarché

tawaran istimewa
l'offre promotionnelle
FOR
pelanggan
le client
tenusu
les produits laitiers
buah-buahan
les fruits
troli
le chariot

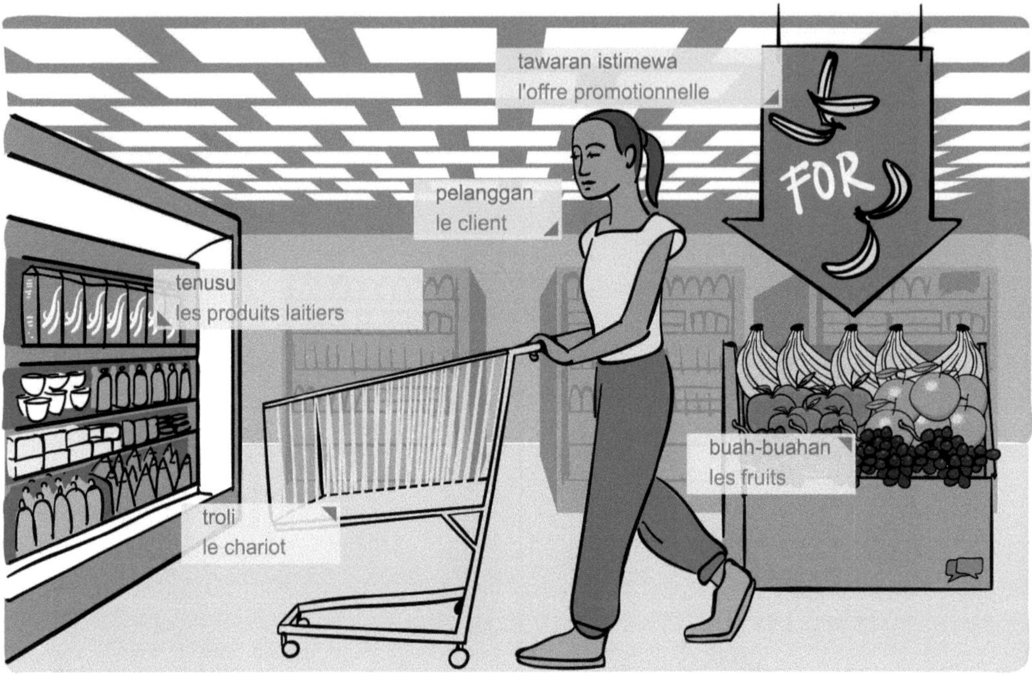

BUTCHERS
tukang daging
la boucherie

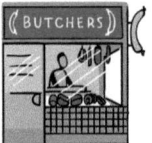

BAKERY
kedai roti
la boulangerie

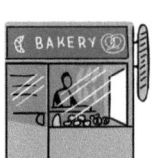

berat
peser

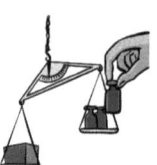

sayur-sayuran
les légumes

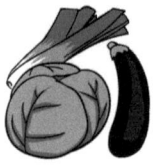

daging
la viande

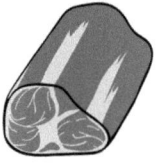

makanan sejuk beku
les aliments surgelés

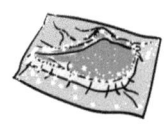

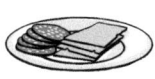

daging sejuk
la charcuterie

makanan dalam tin
les conserves

serbuk pencuci
la poudre à lessive

gula-gula
les bonbons

produk isi rumah
les articles ménagers

produk pembersihan
les détergents

orang jualan
la vendeuse

daftar tunai
la caisse

juruwang
le caissier

senarai membeli-belah
la liste d'achats

waktu pembukaan
les heures d'ouverture

beg duit
le portefeuille

kad kredit
la carte de crédit

beg
le sac

beg plastik
le sac en plastique

minuman

les boissons

air
....
l'eau

jus
....
le jus de fruit

susu
....
le lait

kola
....
le coca

wain
....
le vin

bir
....
la bière

alkohol
....
l'alcool

koko
....
le chocolat chaud

the
....
le thé

kopi
....
le café

espreso
....
l'expresso

kapucino
....
le cappuccino

pisang

la banane

epal

la pomme

oren

l'orange

tembikai

le melon

lemon

le citron.

lobak merah

la carotte

bawang putih

l'ail

buluh

le bambou

bawang

l'oignon

cendawan

le champignon

kacang

les noisettes

mi

les pâtes

spageti

les spaghetti

nasi

le riz

salad

la salade

kerepek

les pommes frites

kentang goreng

les pommes de terre rôties

piza

la pizza

hamburger

le hamburger

sandwic

le sandwich

kutlet

l'escalope

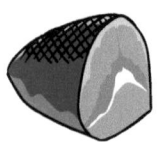

ham

le jambon

salami

le salami

sosej

la saucisse

ayam

le poulet

panggang

le rôti

ikan

le poisson

makanan - l'alimentation

bubur oat

les flocons d'avoine

muesli

le muesli

emping jagung

les cornflakes

tepung

la farine

kroisan

le croissant

roti roll

les petits-pains

roti

le pain

roti bakar

le pain grillé

biskut

les biscuits

mentega

le beurre

dadih

le fromage blanc

kek

le gâteau

telur

l'œuf

telur goreng

l'œuf au plat

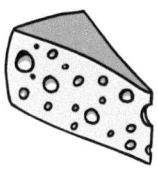

keju

le fromage

ais krim

la glace

gula

le sucre

madu

le miel

jem

la confiture

krim nougat

la crème nougat

kari

le curry

ladang
la ferme

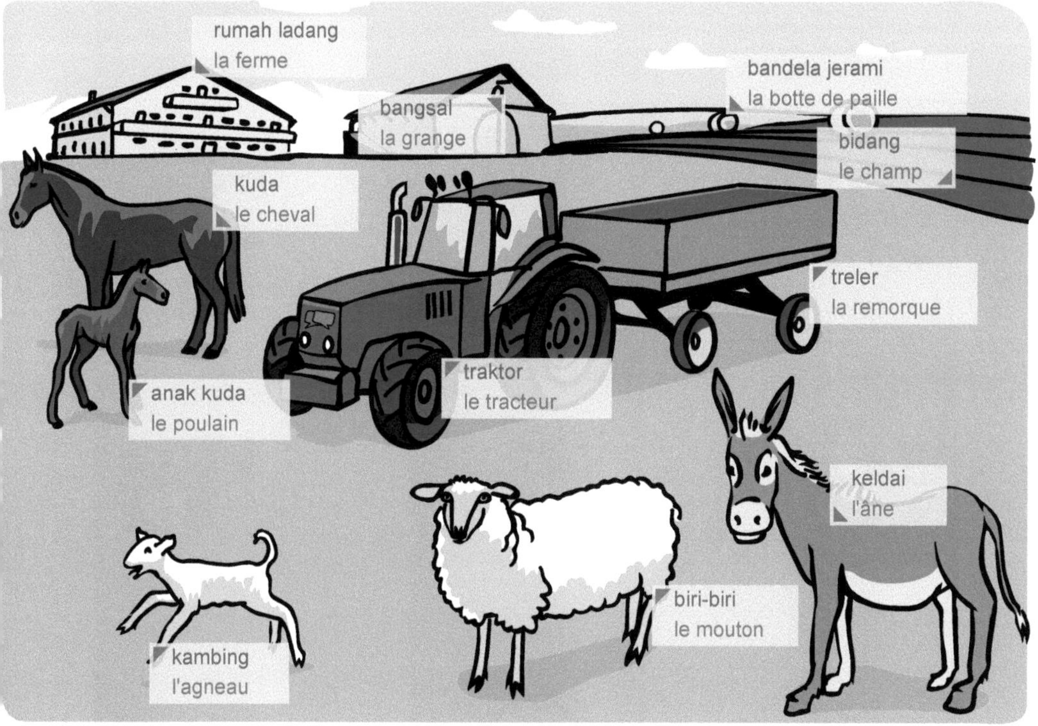
rumah ladang
la ferme
bangsal
la grange
bandela jerami
la botte de paille
bidang
le champ
kuda
le cheval
treler
la remorque
traktor
le tracteur
anak kuda
le poulain
keldai
l'âne
biri-biri
le mouton
kambing
l'agneau

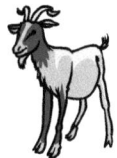

kambing
la chèvre

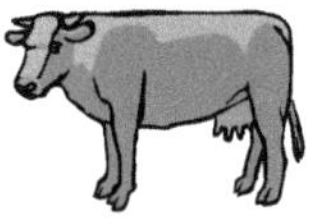
lembu
la vache

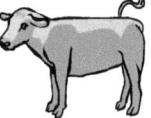

anak lembu
le veau

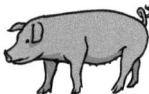

babi
le porc

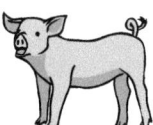

anak babi
le porcelet

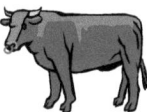

lembu
le taureau

angsa

l'oie

itik

le canard

anak ayam

le poussin

ayam betina

la poule

ayam jantan muda

le coq

tikus

le rat

kucing

le chat

tikus

la souris

lembu jantan

le bœuf

anjing

le chien

rumah anjing

le chenil

hos taman

le tuyau de jardin

bekas siraman

l'arrosoir

sabit

la faucheuse

bajak

la charrue

ladang - la ferme

sabit

la faucille

cangkul

la pioche

serampang peladang

la fourche

kapak

la hache

kereta sorong

la brouette

palung

la cuve

tin susu

le pot à lait

karung

le sac

pagar

la clôture

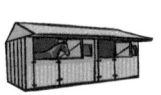

stabil

l'étable

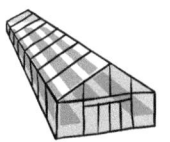

rumah hijau

le serre

tanah

le sol

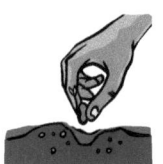

benih

les semences

baja

l'engrais

jentuai

la moissonneuse-batteuse

tuai

récolter

menuai

la récolte

keladi

l'igname

gandum

le blé

soya

le soja

kentang

la pomme de terre

jagung

le maïs

biji sawi

le colza

pokok buah-buahan

l'arbre fruitier

ubi kayu

le manioc

bijirin

les céréales

rumah

la maison

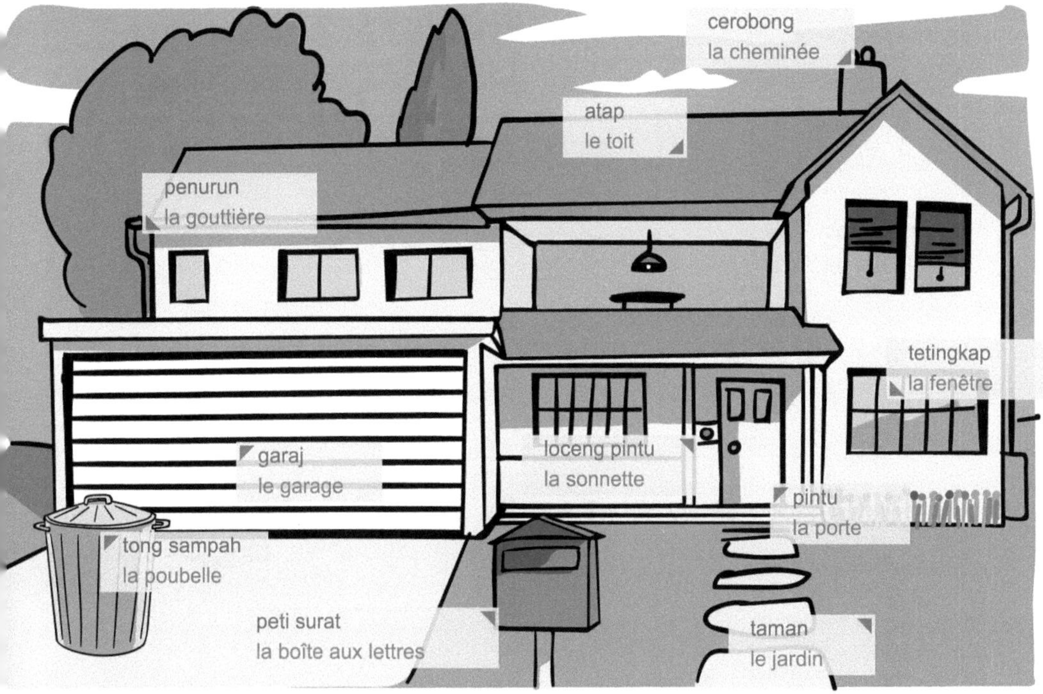
cerobong
la cheminée
atap
le toit
penurun
la gouttière
tetingkap
la fenêtre
garaj
le garage
loceng pintu
la sonnette
pintu
la porte
tong sampah
la poubelle
peti surat
la boîte aux lettres
taman
le jardin

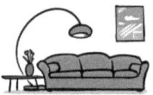

ruang tamu

le salon

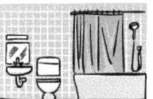

bilik air

la salle de bain

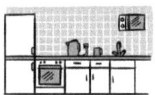

dapur

la cuisine

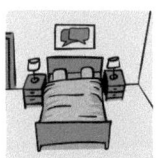

bilik tidur

la chambre à coucher

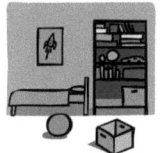

bilik kanak-kanak

la chambre d'enfant

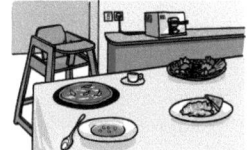

ruang makan

la salle à manger

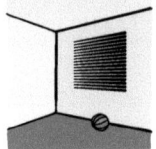

lantai

le sol

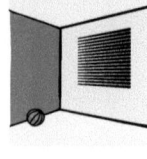

dinding

le mur

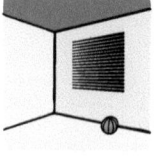

siling

le plafond

bilik bawah tanah

la cave

sauna

le sauna

balkoni

le balcon

teres

la terrasse

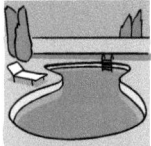

kolam renang

la piscine

pemotong rumput

la tondeuse à gazon

lembaran

la housse

penutup tilam

la couette

katil

le lit

penyapu

le balai

timba

le sceau

suis

l'interrupteur

rumah - la maison

ruang tamu
le salon

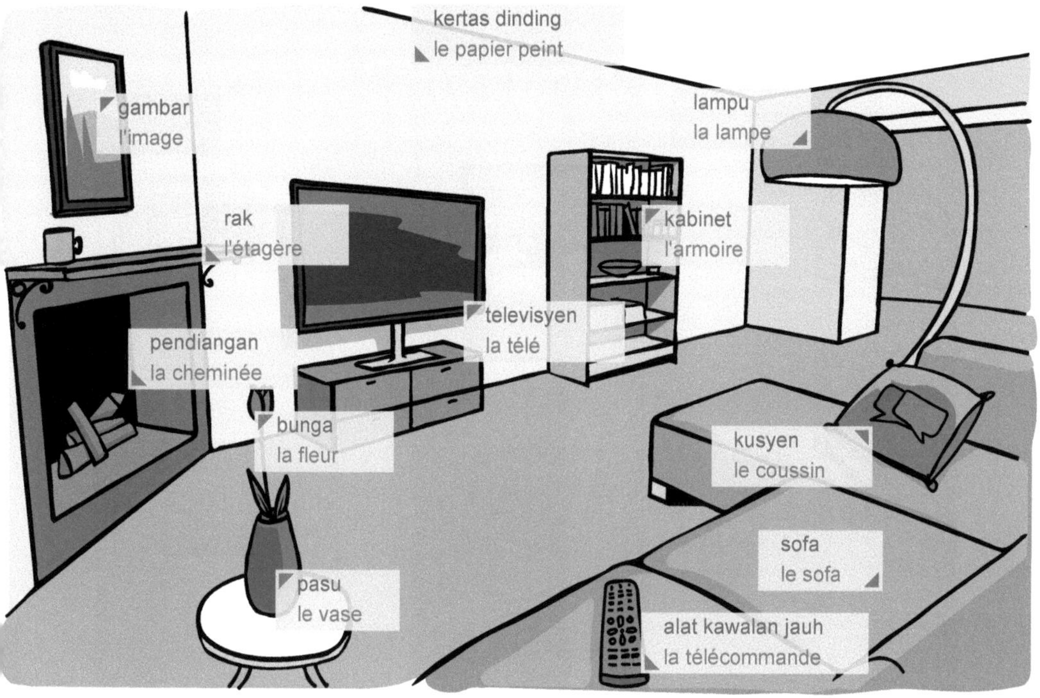
kertas dinding
le papier peint
gambar
l'image
lampu
la lampe
rak
l'étagère
kabinet
l'armoire
televisyen
la télé
pendiangan
la cheminée
bunga
la fleur
kusyen
le coussin
sofa
le sofa
pasu
le vase
alat kawalan jauh
la télécommande

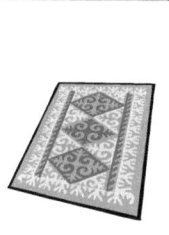

permaidani

le tapis

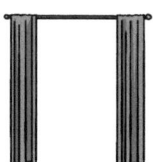

tirai

le rideau

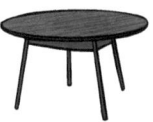

meja

la table

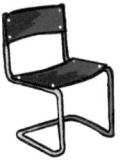

kerusi

la chaise

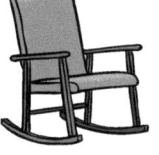

kerusi malas

la chaise à bascule

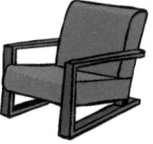

kerusi

le fauteuil

buku

le livre

selimut

la couverture

hiasan

la décoration

kayu api

le bois de chauffage

filem

le film

hi-fi

la chaîne hi-fi

kunci

la clé

akhbar

le journal

lukisan

la peinture

poster

le poster

radio

la radio

buku catatan

le bloc-notes

penyedut habuk

l'aspirateur

kaktus

le cactus

lilin

la bougie

dapur
la cuisine

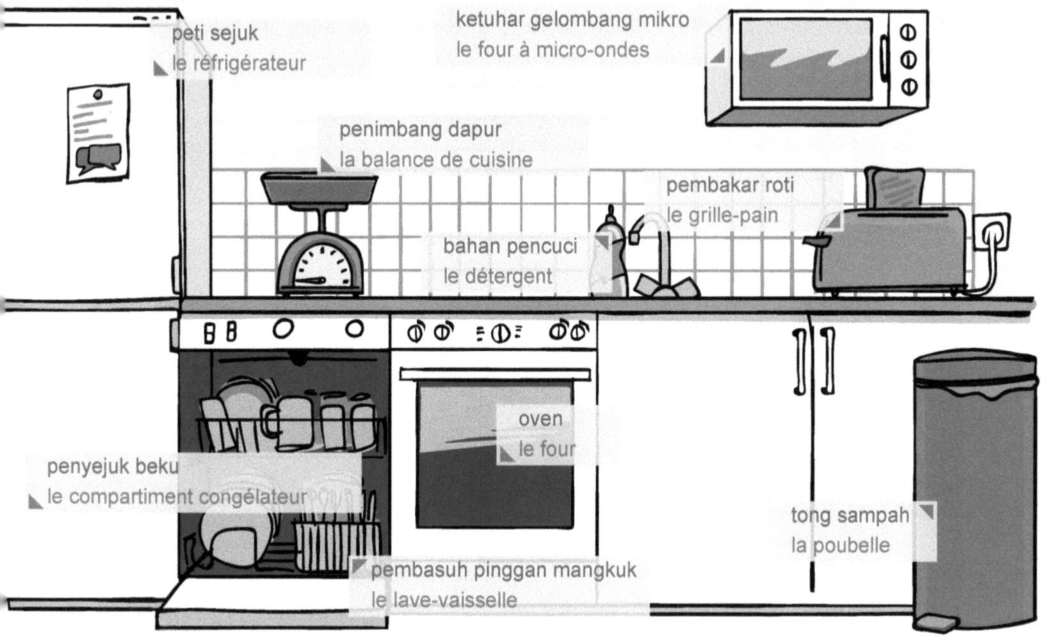

peti sejuk
le réfrigérateur
ketuhar gelombang mikro
le four à micro-ondes
penimbang dapur
la balance de cuisine
pembakar roti
le grille-pain
bahan pencuci
le détergent
oven
le four
penyejuk beku
le compartiment congélateur
tong sampah
la poubelle
pembasuh pinggan mangkuk
le lave-vaisselle

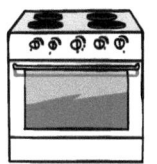

periuk dapur

le four

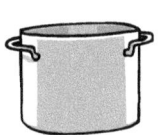

periuk

la casserole

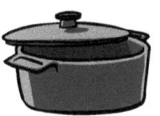

periuk besi

la marmite

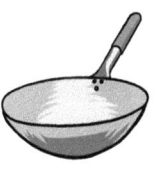

kuali

le wok / kadai

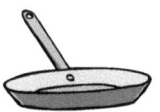

pan

la poêle

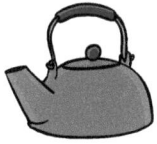

cerek

la bouilloire electrique

pengukus

le cuiseur vapeur

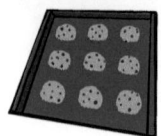

dulang pembakar

la plaque de cuisson

pinggan mangkuk

la vaisselle

koleh

le gobelet

mangkuk

la coupe

penyepit

les baguettes

senduk

la louche

spatula

la spatule

pengadun

le fouet

penapis

la passoire

ayak

le tamis

pemarut

la râpe

mortar

le mortier

barbeku

le barbecue

pembakaran terbuka

la cheminée

papan pencincang

la planche à découper

pin golekan

le rouleau à pâtisserie

skru gabus

le tire-bouchon

tin

la boîte

pembuka tin

l'ouvre-boîte

pemegang periuk

les maniques

sinki

le lavabo

berus

la brosse

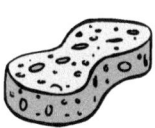

span

l'éponge

pengisar

le mixeur

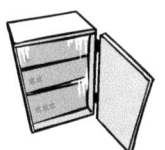

penyejuk beku

le congélateur

botol bayi

le biberon

paip

le robinet

dapur - la cuisine

bilik air

la salle de bain

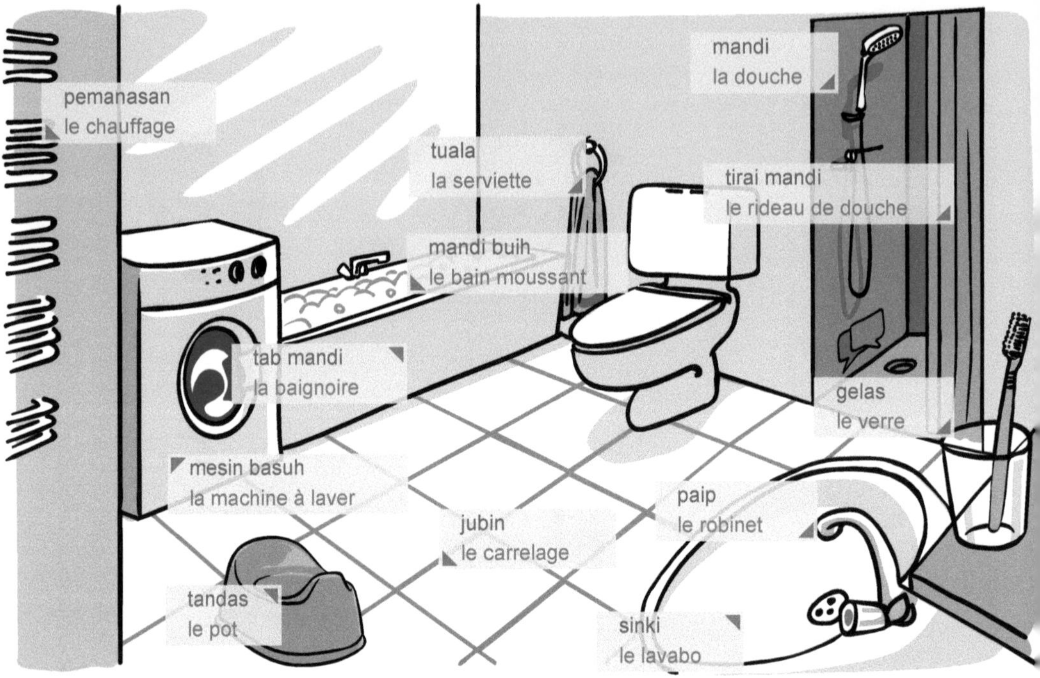

mandi
la douche
pemanasan
le chauffage
tuala
la serviette
tirai mandi
le rideau de douche
mandi buih
le bain moussant
tab mandi
la baignoire
gelas
le verre
mesin basuh
la machine à laver
paip
le robinet
jubin
le carrelage
tandas
le pot
sinki
le lavabo

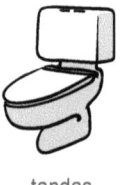

tandas

les toilettes

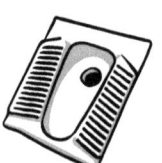

tandas mencangkung

la toilette à la turque

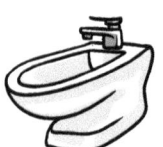

mangkuk tandas

le bidet

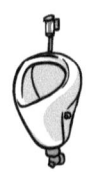

tandas awam

l'urinoir

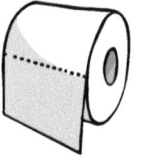

kertas tandas

le papier toilette

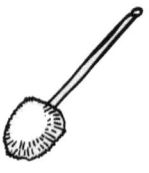

berus tandas

la brosse à toilette

berus gigi

la brosse à dents

ubat gigi

le dentifrice

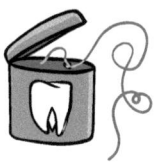

flos gigi

le fil dentaire

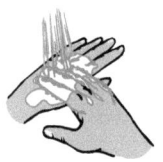

cuci

laver

mandian tangan

la douche manuelle

pancuran

la douche intime

besen

la vasque

belakang berus

la brosse dorsale

sabun

le savon

gel mandian

le gel douche

syampu

le shampooing

flanel

le gant de toilette

longkang

l'écoulement

krim

la crème

deodoran

le déodorant

cermin

le miroir

cermin tangan

le miroir cosmétique

pisau cukur

le rasoir

busa cukur

la mousse à raser

selepas cukur

l'après-rasage

sikat

la peigne

berus

la brosse

pengering rambut

le sèche-cheveux

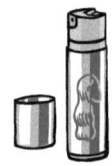

semburan rambut

la laque pour cheveux

mekap

le fond de teint

gincu

le rouge à lèvres

varnis kuku

le vernis à ongles

bulu kapas

l'ouate

gunting kuku

le coupe-ongles

pewangi

le parfum

beg basuhan

la trousse de toilette

bangku

le tabouret

skala berat

le pèse-personne

jubah mandi

le peignoir

sarung tangan getah

les gants de nettoyage

kapas

le tampon

tuala wanita

les serviettes hygiéniques

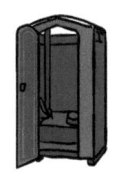

tandas kimia

la toilette chimique

bilik kanak-kanak
la chambre d'enfant

jam loceng
le réveil
mainan kegemaran
le doudou
kereta mainan
la voiture jouet
kerincing bayi
le hochet
rumah anak patung
la maison de poupée
hadiah
le cadeau

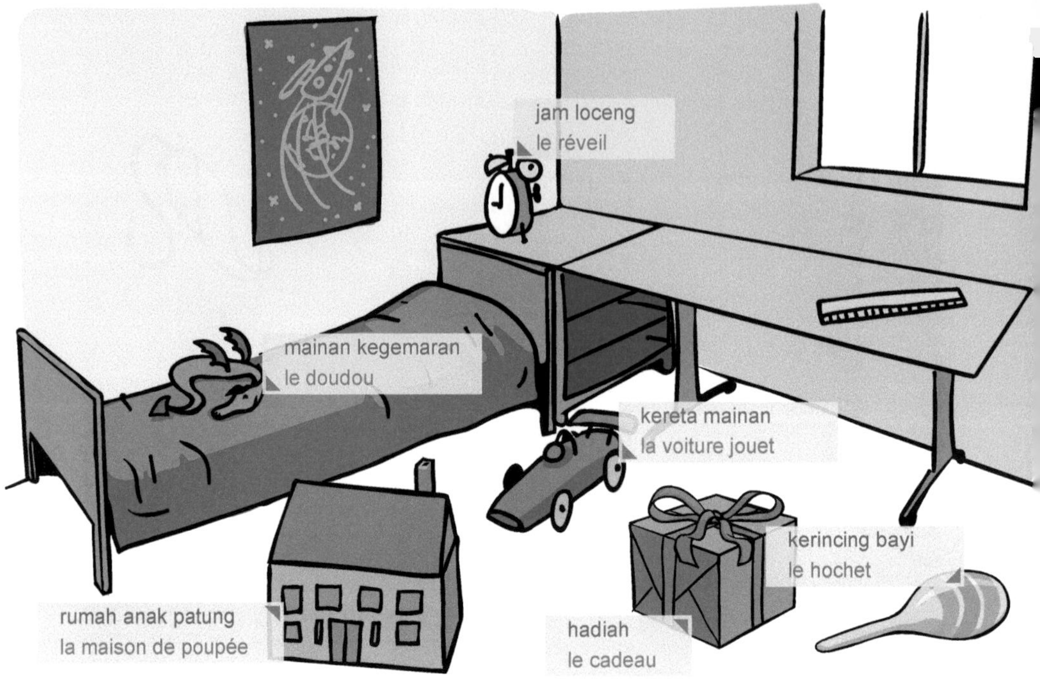

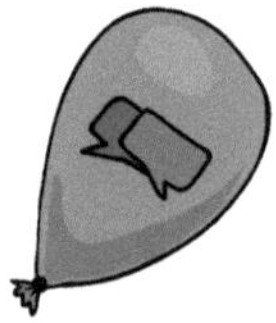

belon

le ballon

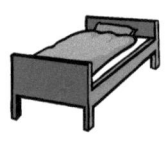

katil

le lit

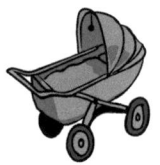

kereta sorong bayi

la poussette

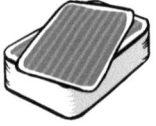

set kad

le jeu de cartes

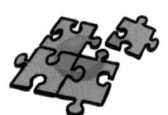

susun suai gambar

le puzzle

SUPER MEGA

komik

la bande dessinée

batu bata lego

les pièces lego

blok mainan

les blocs de construction

figura aksi

la figurine

baju bayi

la grenouillère

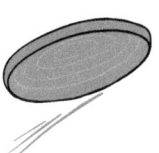

frisbee

le frisbee

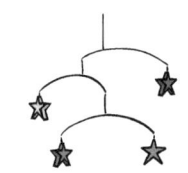

mainan bayi mudah alih

le mobile

permainan papan

le jeu de société

dadu

le dé

set model kereta api

le train miniature

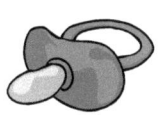

palsu

la sucette

parti

la fête

buku bergambar

le livre d'images

bola

la balle

anak patung

la poupée

main

jouer

lubang pasir

le bac à sable

buai

la balançoire

mainan

les jouets

konsol permainan video

la console de jeu

basikal roda tiga

le tricycle

anak patung beruang

l'ours en peluche

almari pakaian

l'armoire

pakaian

les vêtements

stoking

les chaussettes

stoking

les bas

ketat

le collant

skarf
l'écharpe

payung
le parapluie

kemeja-t
le t-shirt

g/keselamatan

kasut sukan
les baskets

but
les bottes

selipar
les pantoufles

sandal
les sandales

kasut
les chaussures

but getah
les bottes de caoutchouc

seluar dalam
les sous-vêtements

coli
le soutien-gorge

ves
le maillot de corps

badan

le body

Seluar panjang

le pantalon

jean

le jean

skirt

la jupe

blaus

le chemisier

kemeja

la chemise

baju panas sarung

le pull

sweater

le sweat à capuche

blazer

la veste

jaket

la veste

kot

le manteau

baju hujan

l'imperméable

kostum

le costume

pakaian

la robe

baju pengantin

la robe de mariée

pakaian - les vêtements

sut

le costume

baju tidur

la chemise de nuit

baju tidur

le pyjama

sari

le sari

skarf kepala

le foulard

serban

le turban

burqa

la burqa

kaftan

le caftan

abaya/jubah

l'abaya

baju renang

le maillot de bain

seluar renang

le maillot de bain

seluar pendek

le short

sut balapan

la tenue d'entraînement

apron

le tablier

sarung tangan

les gants

butang

le bouton

cermin mata

les lunettes

gelang tangan

le bracelet

rantai leher

le collier

cincin

la bague

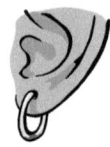

subang

la boucle d'oreille

topi

le bonnet

penyangkut kot

le cintre

topi

le chapeau

tali leher

la cravate

zip

la fermeture éclair

topi keledar

le casque

pendakap

les bretelles

uniform sekolah

l'uniforme scolaire

seragam

l'uniforme

lapik dada

le bavoir

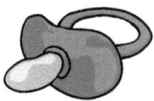

palsu

la sucette

lampin

la lange

pejabat
le bureau

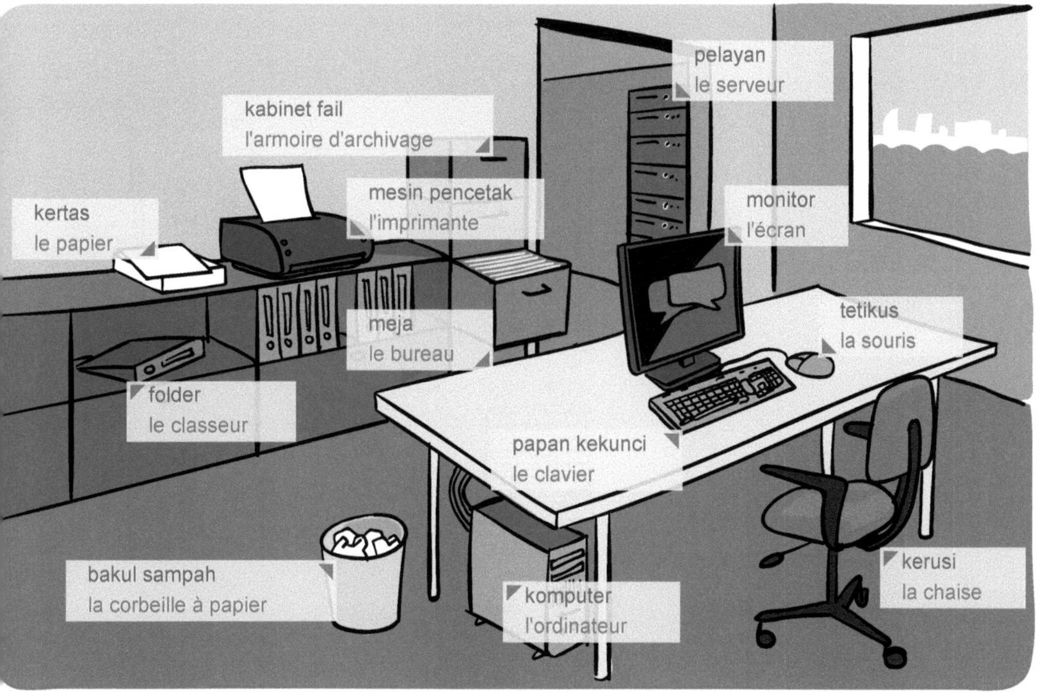

pelayan
le serveur

kabinet fail
l'armoire d'archivage

mesin pencetak
l'imprimante

monitor
l'écran

kertas
le papier

meja
le bureau

tetikus
la souris

folder
le classeur

papan kekunci
le clavier

bakul sampah
la corbeille à papier

komputer
l'ordinateur

kerusi
la chaise

cawan kopi

la tasse de café

kalkulator

la calculatrice

internet

l'internet

komputer riba

l'ordinateur portable

surat

la lettre

mesej

le message

mudah alih

le portable

rangkaian

le réseau

mesin fotokopi

la photocopieuse

perisian

le logiciel

telefon

le téléphone

soket plag

la prise

mesin faks

le fax

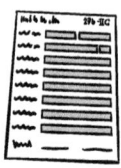

bentuk

le formulaire

dokumen

le document

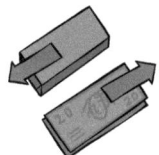

beli
....
acheter

bayar
....
payer

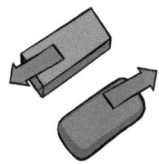

berdagang
....
faire du commerce

wang
....
la monnaie

 USD

dolar
....
le dollar

 EUR

euro
....
l'euro

 JPY

yen
....
le yen

 RUB

rubel
....
le rouble

 CHF

franc swiss
....
le franc suisse

 CNY

renminbi yuan
....
le renminbi yuan

INR

rupee
....
la roupie

mata tunai
....
le distributeur automatique

pejabat tukaran mata wang

le bureau de change

emas

l'or

perak

l'argent

minyak

le pétrole

tenaga

l'énergie

harga

le prix

kontrak

le contrat

cukai

la taxe

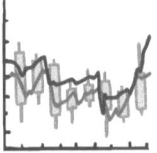

stok

l'action

kerja

travailler

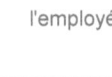

pekerja

l'employé

majikan

l'employeur

kilang

l'usine

kedai

le magasin

pekerjaan
les professions

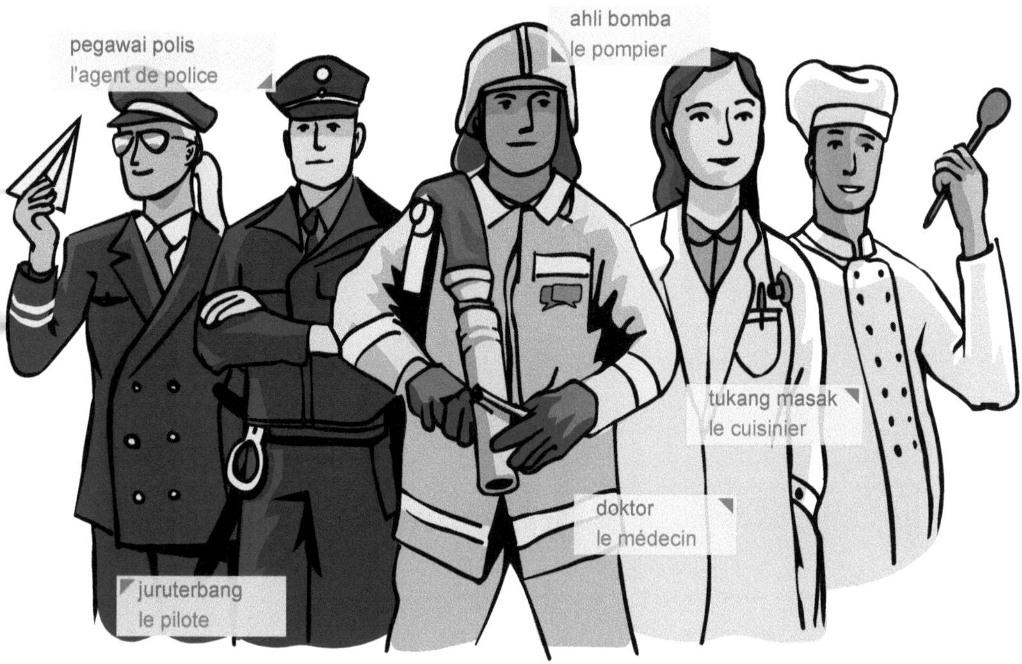
pegawai polis
l'agent de police
ahli bomba
le pompier
tukang masak
le cuisinier
doktor
le médecin
juruterbang
le pilote

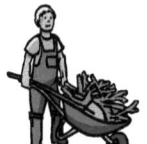

tukang kebun

le jardinier

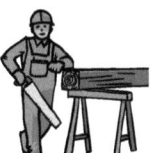

tukang kayu

le menuisier

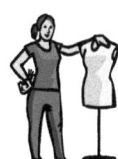

tukang jahit

la couturière

hakim

le juge

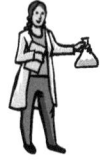

ahli kimia

le chimiste

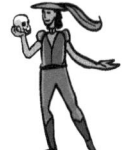

pelakon

l'acteur

pemandu bas

le conducteur de bus

pemandu teksi

le chauffeur de taxi

nelayan

le pêcheur

wanita pencuci

la femme de ménage

kasau

le couvreur

pelayan

le serveur

pemburu

le chasseur

pelukis

le peintre

bakeri

le boulanger

juruelektrik

l'électricien

pembangun

l'ouvrier

jurutera

l'ingénieur

penjual daging

le boucher

tukang paip

le plombier

posmen

le facteur

askar

le soldat

arkitek

l'architecte

juruwang

le caissier

kedai bunga

le fleuriste

pendandan rambut

le coiffeur

konduktor

le contrôleur

mekanik

le mécanicien

kapten

le capitaine

doktor gigi

le dentiste

ahli sains

le scientifique

tuhanku

le rabbin

imam

l'imam

sami

le moine

paderi

le prêtre

alat

les outils

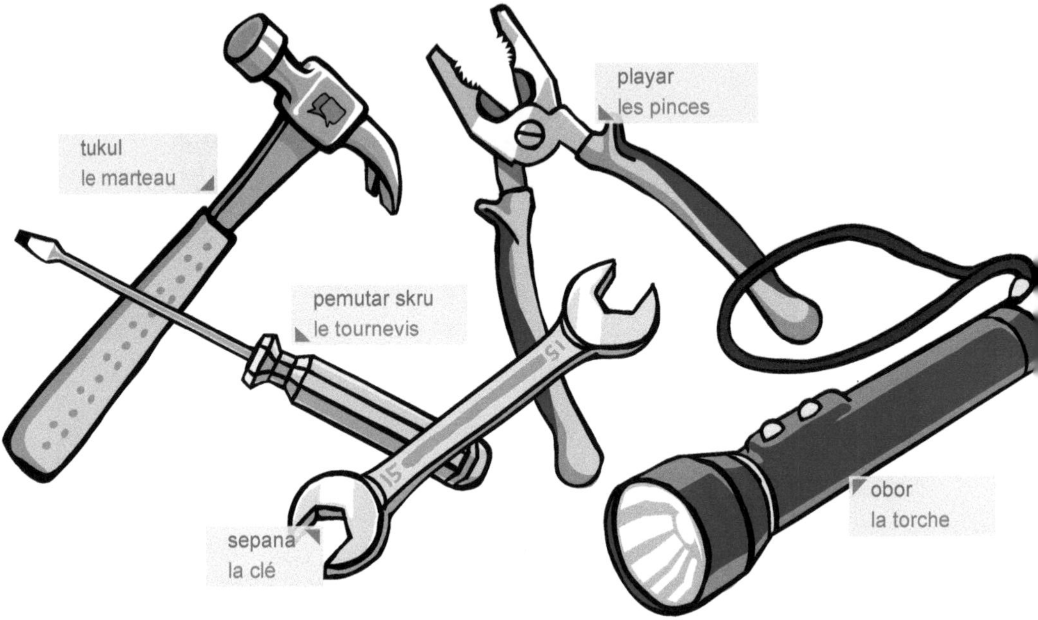
tukul
le marteau
playar
les pinces
pemutar skru
le tournevis
sepana
la clé
obor
la torche

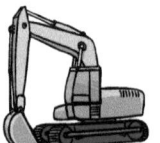

pengorek

la pelleteuse

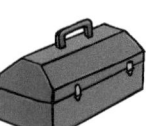

kotak peralatan

la boîte à outils

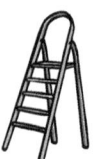

tangga

l'échelle

gergaji

la scie

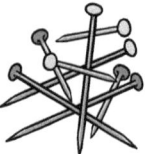

kuku

les clous

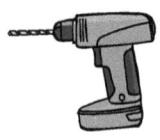

gerudi

la perceuse

baiki
réparer

penyodok
la pelle

Celaka!
Mince !

penadah sampah
la pelle

periuk cat
le pot de peinture

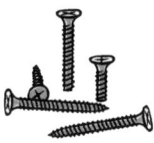

skru
les vis

alat muzik
les instruments de musique

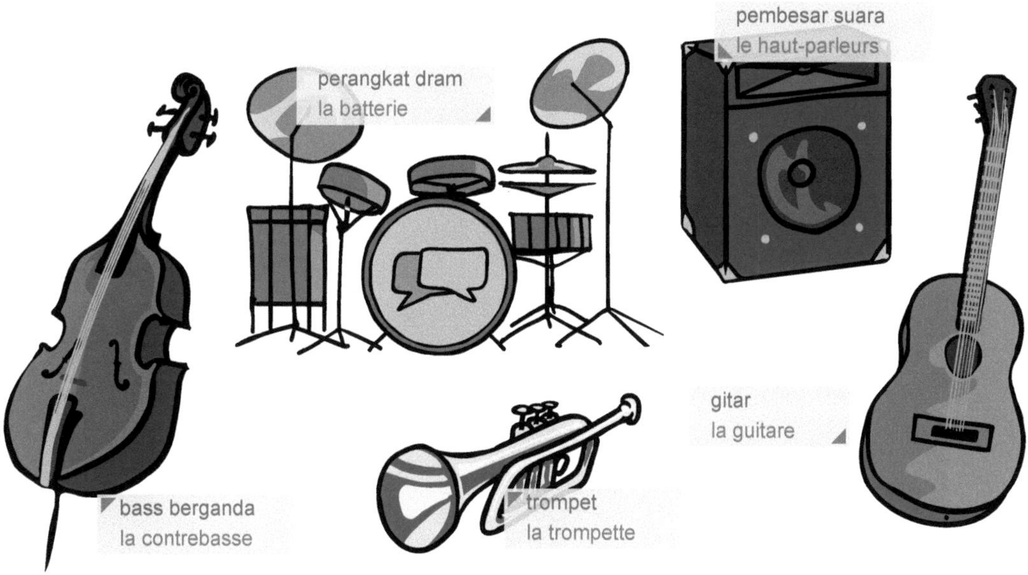

perangkat dram
la batterie

pembesar suara
le haut-parleurs

gitar
la guitare

bass berganda
la contrebasse

trompet
la trompette

piano

le piano

biola

le violon

bass

la basse

timpani

les timbales

dram

le tambour

papan kekunci

le piano électrique

saksofon

le saxophone

seruling

la flûte

mikrofon

le microphone

zoo

le zoo

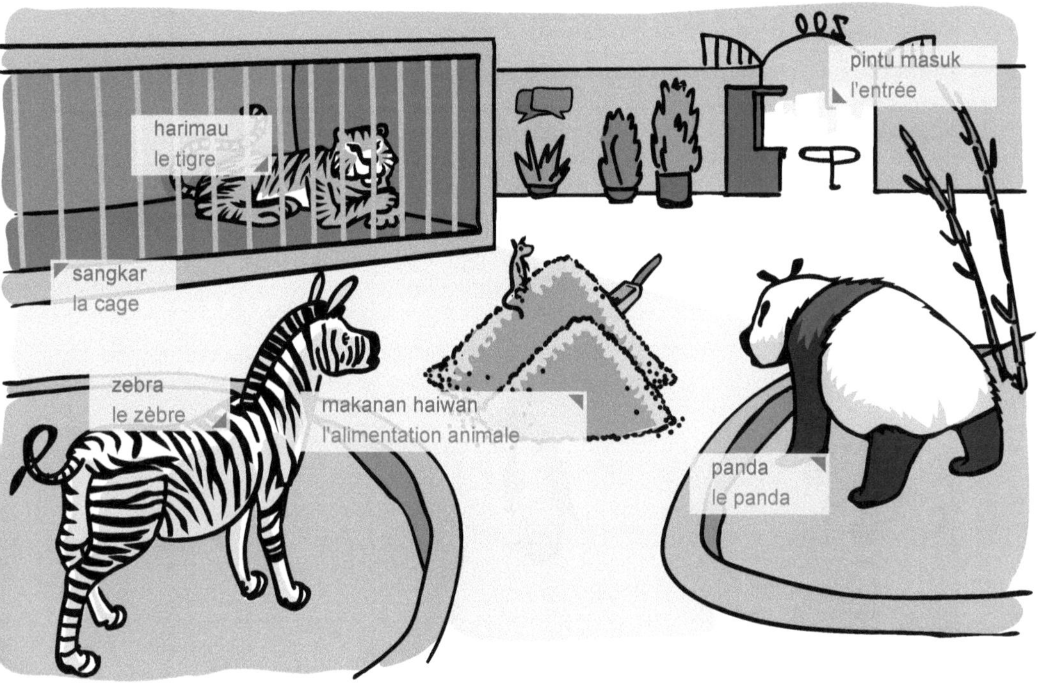
pintu masuk
l'entrée
harimau
le tigre
sangkar
la cage
zebra
le zèbre
makanan haiwan
l'alimentation animale
panda
le panda

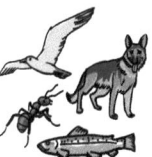

haiwan

les animaux

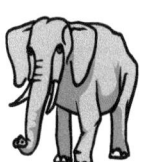

gajah

l'éléphant

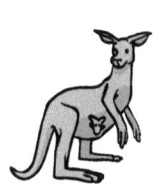

kanggaru

le kangourou

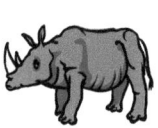

badak sumbu

le rhinocéros

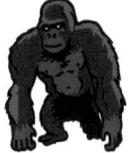

gorila

le gorille

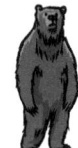

beruang

l'ours

unta

le chameau

burung unta

l'autruche

singa

le lion

monyet

le singe

flamingo

le flamand rose

nuri

le perroquet

beruang kutub

l'ours polaire

penguin

le pingouin

yu

le requin

merak

le paon

ular

le serpent

buaya

le crocodile

penjaga zoo

le gardien de zoo

anjing laut

le phoque

jaguar

le jaguar

kuda

le poney

harimau

le léopard

badak air

l'hippopotame

zirafah

la girafe

helang

l'aigle

babi jantan

le sanglier

ikan

le poisson

penyu

la tortue

anjing laut

le morse

musang

le renard

rusa

la gazelle

bola sepak Amerika
l'american Football

berbasikal
le cyclisme

tenis
le tennis

bola keranjang
le basket-ball

renang
la natation

tinju
la boxe

hoki ais
le hockey sur glace

bola sepak
le football

badminton
le badminton

olahraga
l'athlétisme

bola baling
le handball

ski
le ski

polo
le polo

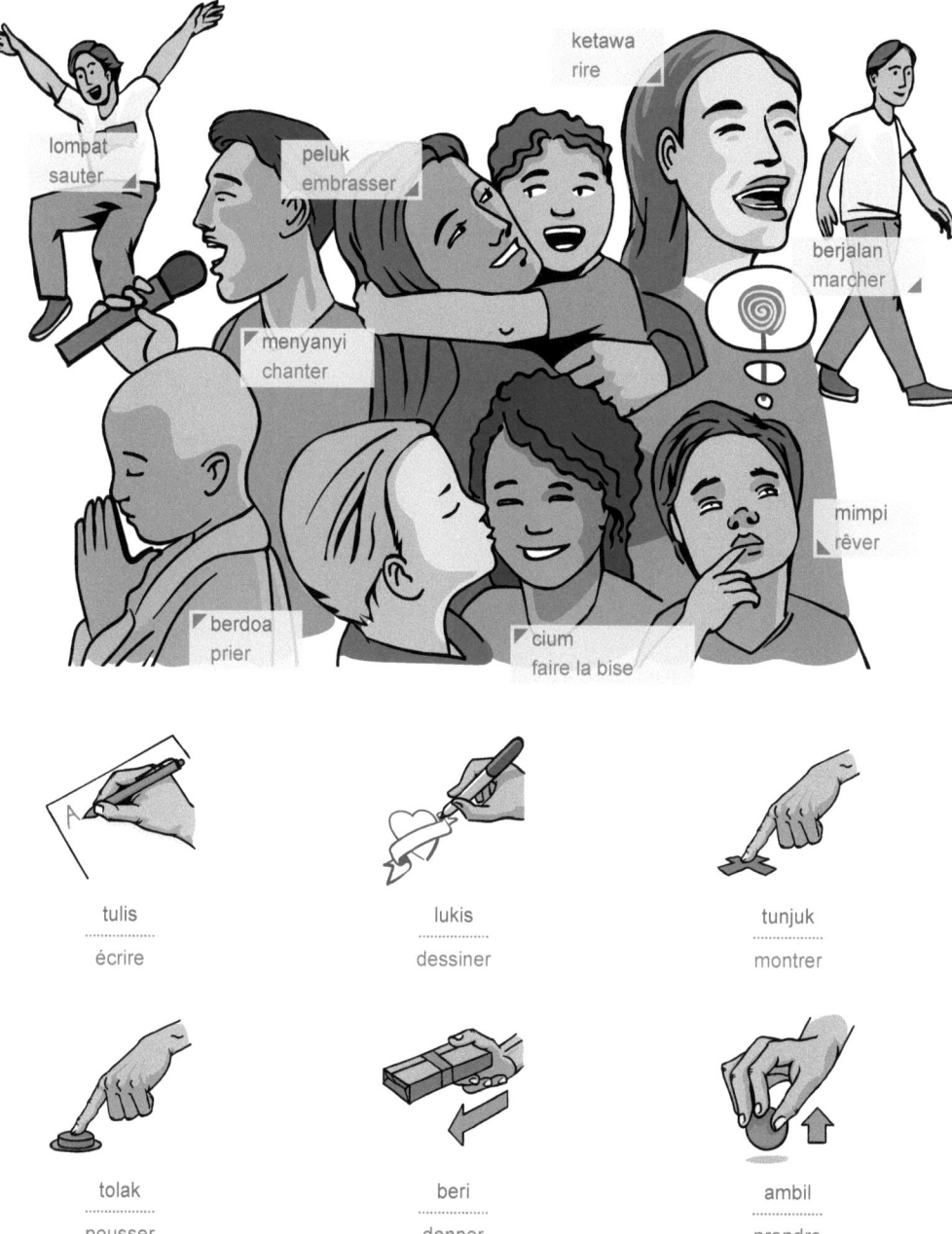

ketawa
rire

lompat
sauter

peluk
embrasser

berjalan
marcher

menyanyi
chanter

mimpi
rêver

berdoa
prier

cium
faire la bise

tulis
écrire

lukis
dessiner

tunjuk
montrer

tolak
pousser

beri
donner

ambil
prendre

ada
avoir

buat
faire

ialah
être

berdiri
être debout

lari
courir

tarik
trier

buang
jeter

jatuh
tomber

tipu
être couché

tunggu
attendre

bawa
porter

duduk
être assis

pakai
s'habiller

tidur
dormir

bangkit
se réveiller

lihat pada

regarder

menangis

pleurer

strok

caresser

sikat

peigner

cakap

parler

faham

comprendre

tanya

demander

dengar

écouter

minum

boire

makan

manger

mengemas

ranger

sayang

aimer

masak

cuire

pandu

conduire

terbang

voler

belayar

faire de la voile

kira

calculer

baca

lire

belajar

apprendre

kerja

travailler

nikah

se marier

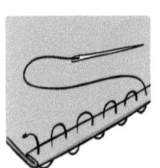

jahit

coudre

memberus gigi

brosser les dents

bunuh

tuer

asap

fumer

hantar

envoyer

keluarga
la famille

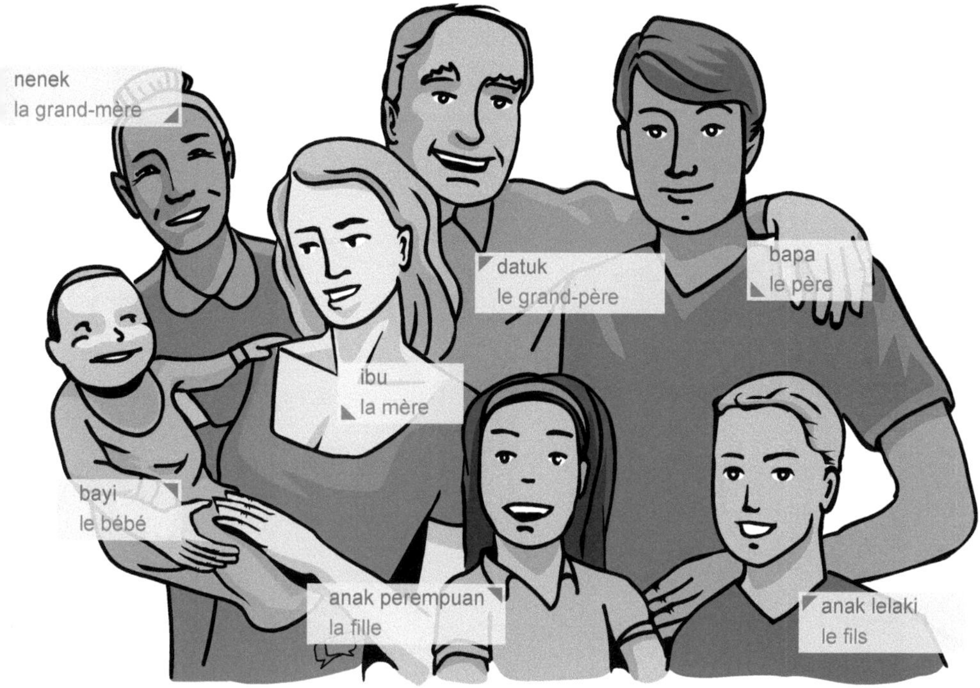
nenek
la grand-mère
datuk
le grand-père
bapa
le père
ibu
la mère
bayi
le bébé
anak perempuan
la fille
anak lelaki
le fils

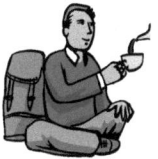

tetamu

l'hôte

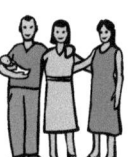

mak cik

la tante

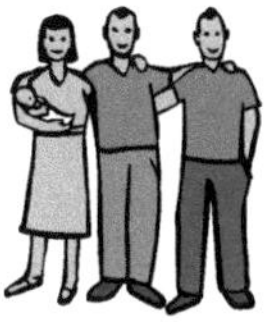

pak cik

l'oncle

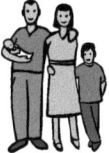

abang

le frère

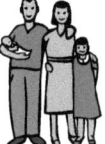

kakak

la sœur

badan

le corps

dahi
le front
mata
l'œil
bahu
l'épaule
jari
le doigt
muka
le visage
dagu
le menton
tangan
la main
kaki
la jambe
dada
la poitrine
lengan
le bras

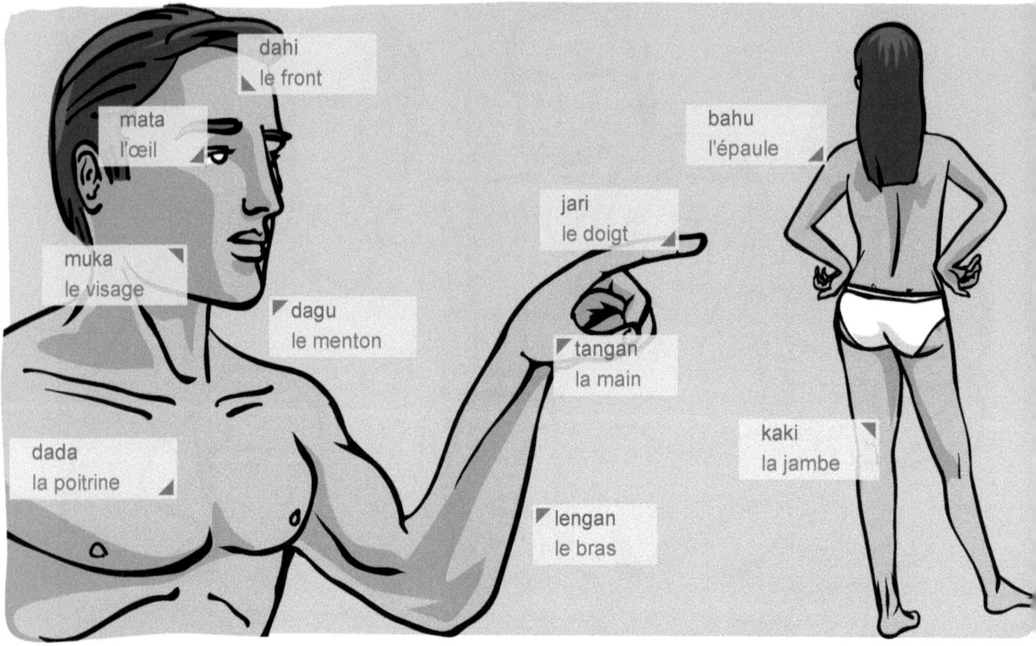

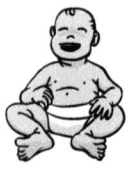

bayi
le bébé

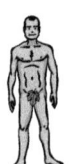

lelaki
l'homme

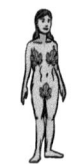

wanita
la femme

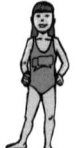

perempuan
la fille

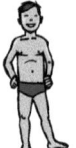

lelaki
le garçon

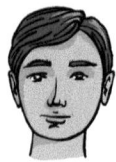

kepala
la tête

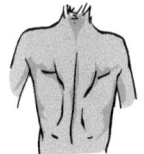

belakang

le dos

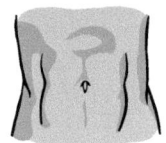

bawah perut

le ventre

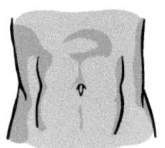

pusat

le nombril

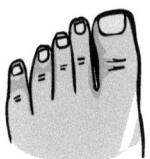

jari kaki

l'orteil

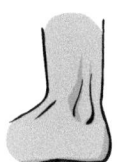

tumit

le talon

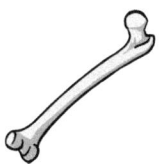

tulang

l'os

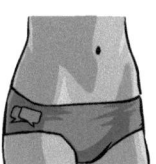

pinggul

la hanche

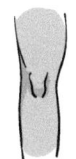

lutut

le genou

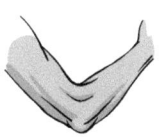

siku

le coude

hidung

le nez

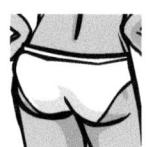

bawah

les fesses

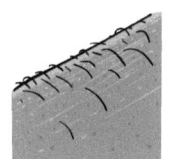

kulit

la peau

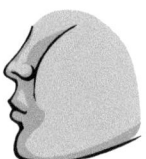

pipi

la joue

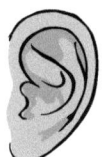

telinga

l'oreille

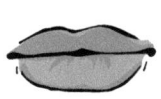

bibir

la lèvre

mulut

la bouche

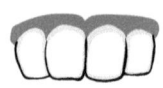

gigi

la dent

lidah

la langue

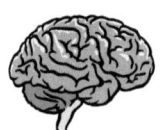

otak

le cerveau

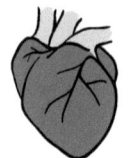

hati

le cœur

otot

le muscle

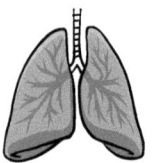

paru-paru

les poumons

hati

le foie

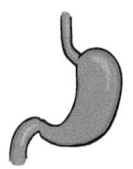

perut

l'estomac

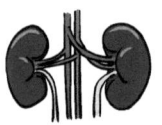

buah pinggang

les reins

seks

le rapport sexuel

kondom

le préservatif

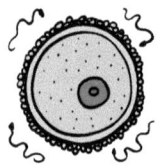

faraj

l'ovule

mani

le sperme

mengandung

la grossesse

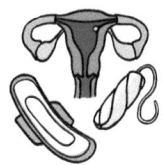

haid

la menstruation

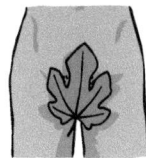

faraj

le vagin

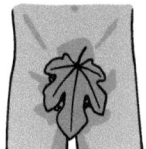

penis

le pénis

kening

le sourcil

rambut

les cheveux

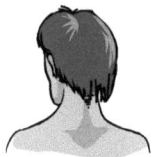

leher

le cou

hospital
l'hôpital

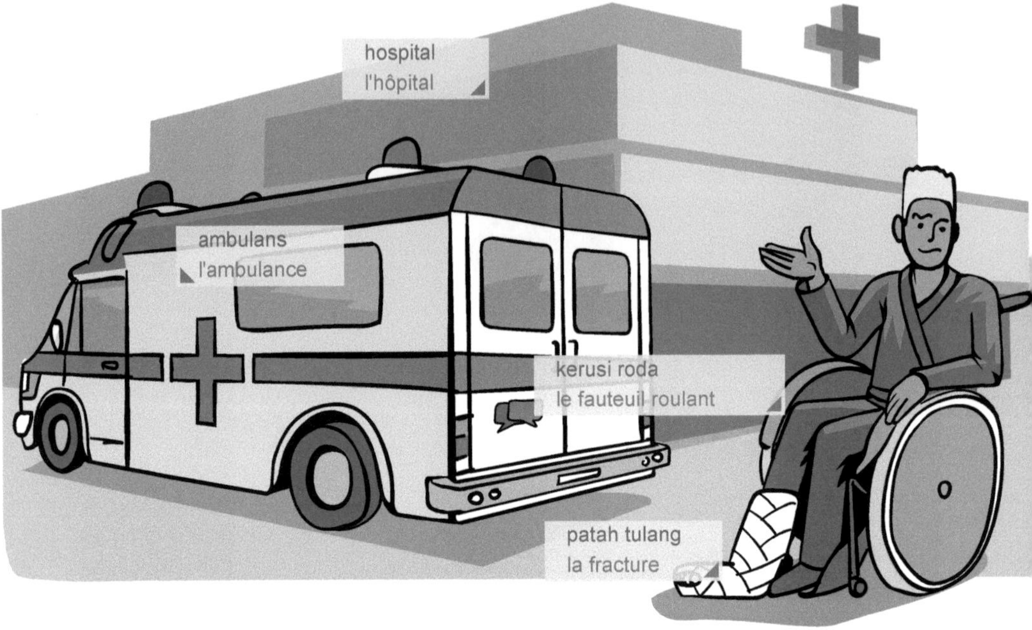

hospital
l'hôpital
ambulans
l'ambulance
kerusi roda
le fauteuil roulant
patah tulang
la fracture

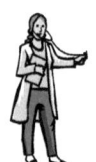

doktor

le médecin

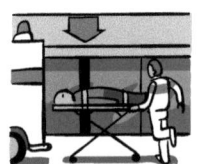

bilik kecemasan

le service des urgences

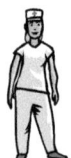

jururawat

l'infirmière

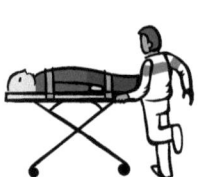

kecemasan

l'urgence

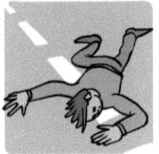

tak sedar

inconscient

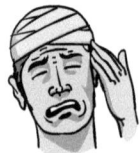

sakit

la douleur

kecederaan

la blessure

pendarahan

l'hémorragie

serangan jantung

la crise cardiaque

strok

l'attaque cérébrale

alergi

l'allergie

batuk

la toux

demam

la fièvre

selesema

la grippe

cirit-birit

la diarrhée

sakit kepala

le mal de tête

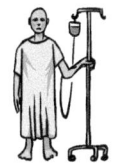

kanser

le cancer

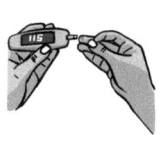

diabetes

le diabète

pakar bedah

le chirurgien

pisau bedah

le scalpel

pembedahan

l'opération

CT

le CT

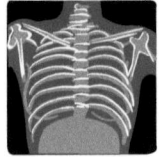

x-ray

la radiographie

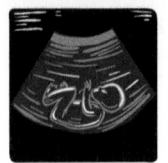

ultrabunyi

l'échographie

topeng muka

le masque

penyakit

la maladie

bilik menunggu

la salle d'attente

penongkat

la béquille

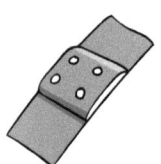

plaster

le pansement

pembalut

le pansement

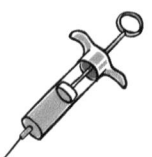

suntikan

l'injection

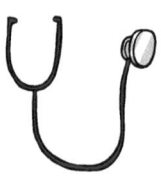

stetoskop

le stéthoscope

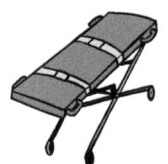

pengusung

le brancard

termometer klinik

le thermomètre

kelahiran

l'accouchement

berat badan berlebihan

la surcharge pondérale

alat pendengaran

l'appareil auditif

disinfektan

le désinfectant

jangkitan

l'infection

virus

le virus

HIV / AIDS

le VIH / le sida

perubatan

le médicament

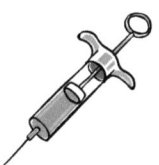

vaksinasi

la vaccination

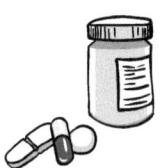

tablet

les comprimés

pil

la pilule

panggilan kecemasan

l'appel d'urgence

pantau tekanan darah

le tensiomètre

sakit / sihat

malade / sain

Tolong!

Au secours !

serang

l'assaut

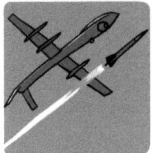

serangan

l'attaque

bahaya

le danger

pintu kecemasan

la sortie de secours

Api!

Au feu!

alat pemadam api

l'extincteur

kemalangan

l'accident

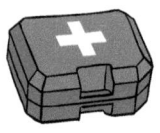

alat pertolongan cemas

la trousse de premier
secours

SOS

SOS

polis

la police

penggera

l'alarme

Eropah

l'Europe

Amerika Utara

l'Amérique du Nord

Amerika Selatan

l'Amérique du Sud

Afrika

l'Afrique

Asia

l'Asie

Australia

l'Australie

Atlantic

l'Océan atlantique

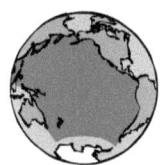

Pasifik

l'Océan pacifique

Lautan Hindi

l'Océan indien

Lautan Antartik

l'Océan antarctique

Lautan Artik

l'Océan arctique

Kutub utara

le Pôle nord

Kutub Selatan
....
le Pôle sud

Antartika
....
l'Antarctique

bumi
....
la terre

tanah
....
le pays

laut
....
la mer

pulau
....
l'île

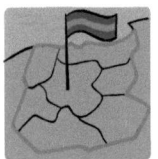

negara
....
la nation

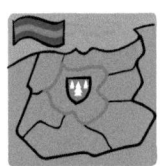

negeri
....
l'état

muka jam

le cadran

tangan jam

l'aiguille des heures

tangan minit

l'aiguille des minutes

terpakai

l'aiguille des secondes

Jam berapa sekarang

Quelle heure est-il ?

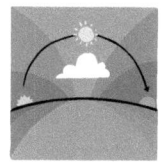

hari

le jour

masa

le temps

sekarang

maintenant

jam digital

la montre digitale

minit

la minute

jam

l'heure

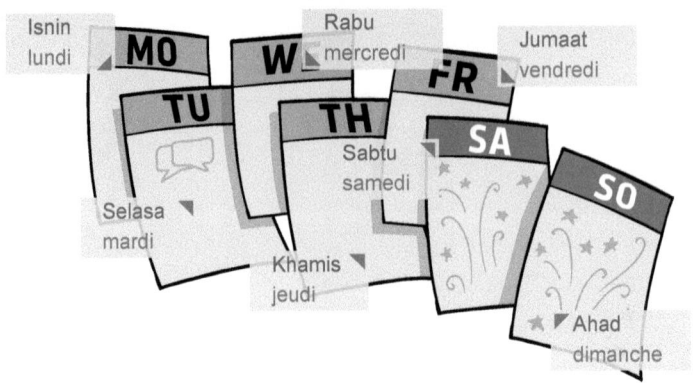

Isnin / lundi — MO
Rabu / mercredi — W
Jumaat / vendredi — FR
Selasa / mardi — TU
Sabtu / samedi — TH — SA
Khamis / jeudi
Ahad / dimanche — SO

semalam
hier

hari ini
aujourd'hui

esok
demain

pagi
le matin

tengah hari
le midi

petang
le soir

hari kerja
les jours ouvrables

hari minggu
le week-end

tahun
l'année

hujan
la pluie
pelangi
l'arc-en-ciel
angin
le vent
salji
la neige
musim bunga
le printemps
musim luruh
l'automne
musim panas
l'été
musim salji
l'hiver

4.APRIL 11°
5.APRIL 4°
6.APRIL 13°
7.APRIL 8°
8.APRIL 10°

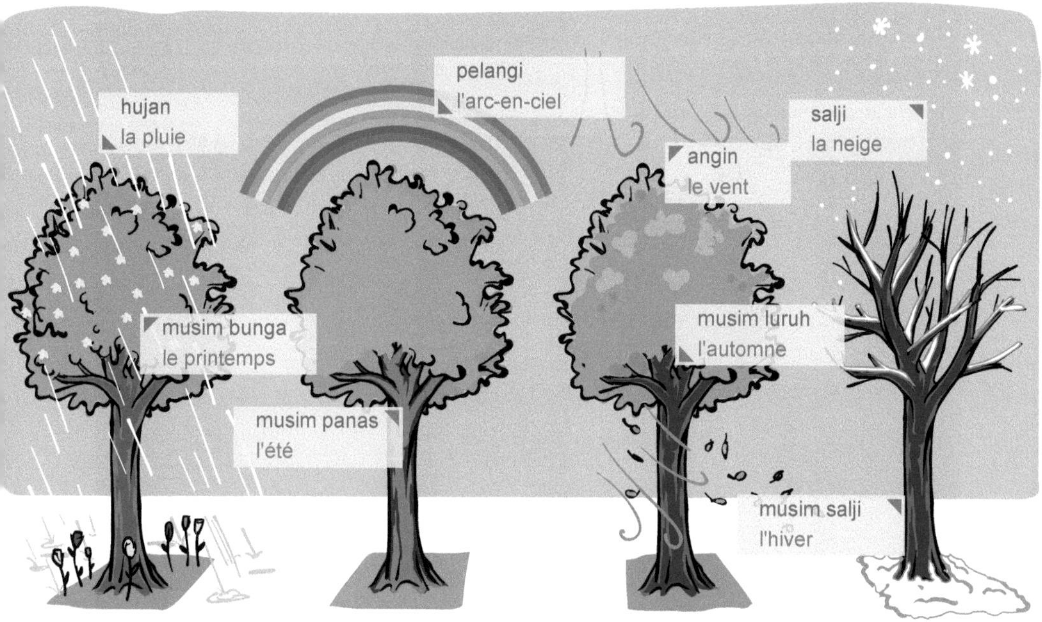

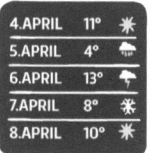

ramalan cuaca

la météo

F C
120 90 60 30 0 -30
40 30 20 10 0 -10 -20

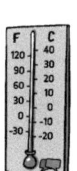

termometer

le thermomètre

sinar matahari

la lumière du soleil

awan

le nuage

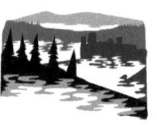

kabus

le brouillard

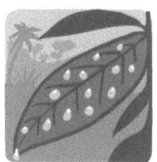

lembapan

l'humidité

kilat

la foudre

petir

la tonnerre

ribut

la tempête

hujan batu

la grêle

monsun

la mousson

banjir

l'inondation

ais

la glace

Januari

janvier

Februari

février

Mac

mars

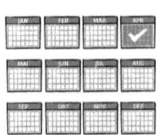

April

avril

Mei

mai

Jun

juin

Julai

juillet

Ogos

août

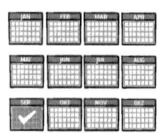

September
....
septembre

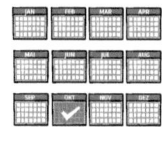

Oktober
....
octobre

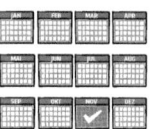

November
....
novembre

Disember
....
décembre

bulatan
....
le cercle

petak
....
le carré

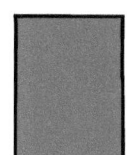

segi empat tepat
....
le rectangle

segitiga
....
le triangle

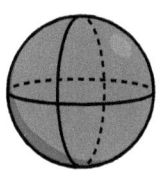

sfera
....
la sphère

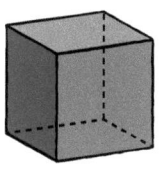

kiub
....
le cube

putih

blanc

kuning

jaune

oren

orange

merah jambu

rose

merah

rouge

ungu

violet

biru

bleu

hijau

vert

coklat

marron

kelabu

gris

hitam

noir

banyak / sedikit

beaucoup / peu

marah / tenang

fâché / calme

cantik / hodoh

joli / laid

bermula / tamat

le début / la fin

besar kecil

grand / petit

terang / gelap

clair / obscure

abang / kakak

frère / soeur

bersih / kotor

propre / sale

lengkap / tidak lengkap

complet / incomplet

hari / malam

le jour / la nuit

mati / hidup

mort / vivant

luas / sempit

large / étroit

boleh dimakan / tidak boleh
dimakan

comestible / incomestible

jahat / baik

méchant / gentil

teruja / bosan

excité / ennuyé

gemuk / kurus

gros / mince

pertama / terakhir

le premier / le dernier

kawan / musuh

l'ami / l'ennemi

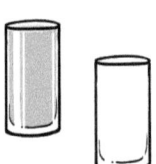

penuh / kosong

plein / vide

keras / lembut

dur / souple

berat / ringan

lourd / léger

lapar / dahaga

faim / soif

sakit / sihat

malade / sain

menyalahi undang-undang /
undang-undang

illégal / légal

pintar / bodoh

intelligent / stupide

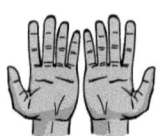

kiri / kanan

gauche / droite

dekat / jauh

proche / loin

baru / lama
....
nouveau / usé

tiada / sesuatu
....
rien / quelque chose

tua / muda
....
vieux / jeune

hidup / mati
....
marche / arrêt

terbuka / tertutup
....
ouvert / fermé

diam / bising
....
faible / fort

kaya / miskin
....
riche / pauvre

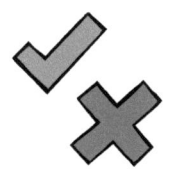

betul / salah
....
correct / incorrect

kasar / halus
....
rugueux / lisse

sedih / gembira
....
triste / heureux

pendek / panjang
....
court / long

lambat / laju
....
lent / rapide

basah / kering
....
mouillé / sec

panas / sejuk
....
chaud / froid

berperang / berdamai
....
la guerre / la paix

0

sifar

zéro

1

satu

un / une

2

dua

deux

3

tiga

trois

4

empat

quatre

5

lima

cinq

6

enam

six

7

tujuh

sept

8

lapan

huit

9

sembilan

neuf

10

sepuluh

dix

11

sebelas

onze

12

dua belas

douze

13

tiga belas

treize

14

empat belas

quatorze

15

lima belas

quinze

16

enam belas

seize

17

tujuh belas

dix-sept

18

lapan belas

dix-huit

19

Sembilan belas

dix-neuf

20

dua puluh

vingt

100

ratus

cent

1.000

ribu

mille

1.000.000

juta

le million

Bahasa Inggeris

l'anglais

Bahasa Inggeris Amerika

l'anglais américain

Bahasa Cina Mandarin

le chinois mandarin

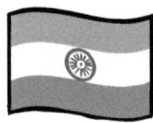

Bahasa Hindi

le hindi

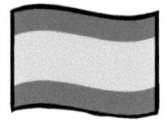

Bahasa Sepanyol

l'espagnol

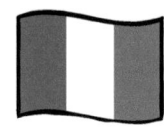

Bahasa Perancis

le français

Bahasa Arab

l'arabe

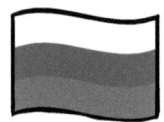

Bahasa Rusia

le russe

Bahasa Portugis

le portugais

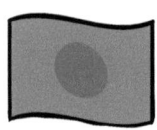

Bahasa Benggali

le bengali

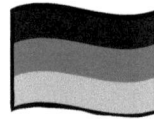

Bahasa Jerman

l'allemand

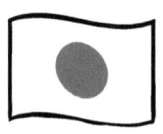

Bahasa Jepun

le japonais

saya

je

anda

tu

dia / dia / ia

il / elle / ce, c', cela

kita

nous

anda

vous

mereka

ils / elles

siapa?

Qui ?

apa?

Quoi ?

bagaimana?

Comment ?

di mana?

Où ?

bila?

Quand ?

nama

le nom

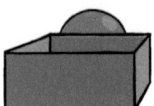

belakang

derrière

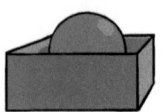

dalam

dans

di hadapan

devant

lebih

au-dessus

pada

sur

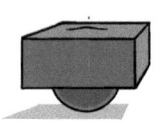

di bawah

en-dessous

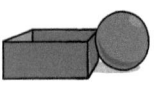

bersebelahan

à côté de

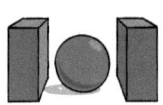

antara

entre

tempat

le lieu